AF509674

LE RABOT

ET

LE COR DE CHASSE,

OU

LE COUSIN ET LE VOISIN,

COMÉDIE EN UN ACTE,

PAR MM. ANICET ET D'ESTAGEL,

Représentée pour la première fois, à Paris, sur le Théâtre
de la Gaîté, le 17 Juin 1828.

x : 1 FRANC 50 C.

Paris.

J.-N. BARBA, Éditeur, Cour des Fontaines, n°. 7;
Et au Magasin de Pièces de Théâtre, rue St.-Honoré, n°. 210;
BEZOU, Libraire, boulevard St.-Martin, n°. 29.

1828.

•••

PERSONNAGES.	ACTEURS.
Jacques **LEROUX**, menuisier. (dit Lenoir.)......................	M. Thierry.
Julien **LEROUX** , musicien. (dit Leblond.)	M. Mercier.
LAURENT, pâtissier..............	M. Duménil.
SOPHIE, sœur de Jacques..........	Mlle Sidonie.
PATRONET , au service de Laurent.	Mme Adolphe.
MARTIAL, maître d'armes.........	M. Joseph.
MESSAGER , huissier..............	M. Alix.

La Scène est à Paris dans l'hôtel de Laurent.

De l'Imprimerie stéréotype de HERHAN, rue des Boucheries Saint-Germain, n. 38.

LE RABOT

ET LE COR DE CHASSE,

COMÉDIE EN UN ACTE.

Le Théâtre représente une pièce servant d'atelier de menuisier; quelques meubles et des outils doivent garnir la scène, au fond, une porte donnant sur un corridor. A droite, une autre porte ouvrant sur une chambre à coucher. Au lever du rideau Jacques Leroux est étendu sur une chaise, et presqu'endormi; le jour commence à paraître, et l'on entend le son du cor qui semble sortir d'une chambre voisine, séparée de celle en vue du spectateur, par une cloison et une porte condamnée.

SCÈNE PREMIÈRE.

JACQUES LEROUX, *seul, se retournant.*

Chien de musicien!... silence donc... (*moment de silence.*) Ah!... v'là qu'il se repose!... S'il pouvait être exténué... (*le bruit recommence.*) Bath... il a le diable au corps. (*Criant près de la cloison.*) attendez donc au moins, que le soleil et vos voisins soient levés. (*le bruit redouble.*) Qu'il est gentil le voisin... enfin, depuis huit jours qu'il est là, voilà huit nuits que je ne dors pas... A-t-on jamais vu une manie comme celle-là? Monsieur travaille la nuit, et se repose le jour. (*le bruit cesse tout-à-fait.*) Enfin, v'là qu'y commence à rester tranquille;... il veut peut-être dormir à son tour... attends, attends, je vas te bercer. (*Il prend un outil, et frappe à grands coups. S'approchant de la cloison.*) Eh ben! continuez donc, je bats la mesure.

SOPHIE, *dans la coulisse.*

Jacques! Jacques!

JACQUES.

Tiens, c'est ma sœur!

SOPHIE, *dans la coulisse.*

Tu me casses la tête.

JACQUES, *s'approchant de la porte de Sophie.*

Est-ce que tu m'as entendu?... C'te pauvre sœur,... elle dormait... elle n'entends pas d'aussi près cet accompagnement infernal... et puis, elle n'est pas dans l'attente de se couper la gorge aujourd'hui;... c'te chère Sophie!... je ne veux pas qu'elle sache que c'est pour elle... mais chut!... la v'là.

SCÈNE II.

JACQUES, SOPHIE.

SOPHIE, *entrant en achevant de s'habiller.*

Bonjour, mon frère.

JACQUES.

Comment, ma petite Sophie, te voilà déjà levée?

SOPHIE.

Dam! tu ne me laisses guère le temps d'être paresseuse.

JACQUES.

Oh! je n' voulais pas te réveiller... parole d'honneur,... mais ce maudit voisin m'avait tant étourdi les oreilles qu'il avait fini par me les échauffer.

SOPHIE.

Pourquoi lui en veux-tu?

JACQUES.

Comment, pourquoi? vois mes yeux rouges... mon teint pâle,... mes joues creuses... voilà son ouvrage... cet homme-là me fera tomber en phtisie.

(5)

SOPHIE.

Eh ! bon dieu ! laisse-le gagner sa vie.

JACQUES.

Il pourrait tout aussi bien la gagner dans le jour... et puis, d'ailleurs je lui en veux, moi ;... c'est lui qui donne des leçons au chasseur de ce riche seigneur qui voulait t'en conter. Je te le demande, c'est-y pas vexant ?... pour éviter les poursuites de ce beau marquis, je quitte le quartier Montmartre pour celui du Temple, et mon nom de Leroux pour prendre celui de Lenoir ; je m'crois bien tranquille dans l'hôtel de la Paix ; v'là-t-il pas qu'il tombe à côté de nous un professeur de cor ; le chasseur maudit vient prendre des leçons chez lui, il t'aperçoit, te reconnait pour la passion de son maître... il veut entrer de force ici, j'arrive, je le reconnais ; furieux, j'ouvre la fenêtre, mais comme il y a cinq étages, il fait le récalcitrant et préfère prendre la porte ; en sortant, il me dit une insolence,... je me venge... en menuisier,... je lui casse une toise sur les reins ; étourdi du coup, il descend en roulant les cinq étages, et va tomber sur le dos de notre vieux portier dont il renverse la marmite... Et à qui devons-nous tout ce vacarme ? à notre damné voisin dont le diable puisse emporter le cor et la personne.

SOPHIE.

Au lieu de te monter la tête contre ce pauvre garçon que tu ne connais pas, tu ferais bien mieux de chercher notre cousin qui, tu le sais, doit être à Paris.

JACQUES.

Je trotte depuis quinze jours sans pouvoir le rencontrer.

SOPHIE.

Le temps s'écoule.

JACQUES.

Et les espèces donc... avec ça qu'il ne faut plus compter sur l'héritage de notre oncle.

SOPHIE.

Comment, tu en désespères.

JACQUES.

Tu ne te souviens donc pas de sa lettre? « J'ai quatre-vingt-dix ans sonnés, qu'il m'a écrit ; il est temps que je fasse mon testament... je souhaite de tout mon cœur que ma fortune vous revienne ;... mais pour cela, il faut que vous

vous rapatriez avec votre cousin, et que dans un mois, jour où je dicterai mes dernières volontés, vous vous soyez présentés à votre oncle, bras dessus, bras dessous:... mais surtout, plus d'inimitiés... venez ensemble, ou pas du tout. »

SOPHIE.

Mais nous avons encore jusqu'à demain, et d'ici là tu peux trouver Julien, en cherchant bien.

JACQUES.

Eh ! je le cherche comme une aiguille... mais c'est que Paris est une fameuse botte de foin ; et en vérité, je commence à croire qu'on s'est moqué de moi en me disant qu'il habitait cette ville.

SCÈNE III.

LES MÊMES, PATRONET.

SOPHIE.

Tiens, c'est déjà vous, Patronet?

JACQUES.

Aujourd'hui pour demain, il viendra faire nos lits avant que nous soyons couchés.

PATRONET.

Ah ! je vas vous dire... c'est qu'aujourd'hui monsieur Laurent. mon très-cher patron, a une commande de patisserie pour une noce qui se fait ce soir chez monsieur Goupy.

JACQUES.

Et tu vas faire de la galette toute la journée?

PATRONET.

Ah ! mon dieu, oui, quand j'aurai fait votre ménage, battu vos habits et ciré vos bottes, j'irai mettre la main à la pâte.

JACQUES.

Çà s'ra du propre... A propos, tu fais le ménage du voisin, n'est-ce pas?

PATRONET.

Oui vraiment;... ah ! c'est un bien aimable garçon, et un bon musicien chez qui j' vas prendre des leçons en sortant du

four... j' commence déjà à être fort, et j' vas entrer comme
surnuméraire à l'orchestre de Madame Saqui. Est-ce que
vous ne le connaissez pas l' voisin?...

JACQUES.

Non... pas de vue, mais... suffit; tu peux lui dire qu'il
modère la force de son cor s'il ne veut pas sentir celle de mon
rabot.

PATRONET.

Tiens, vous vous plaignez, et lui qui me disait hier que
votre rabot l'empêchait de dormir.

JACQUES.

Par exemple, en voilà une solide... je travaille dans le
jour, moi.

PATRONET.

Eh! ben, il faut bien qu'il travaille la nuit, puisqu'il
donne des leçons au chasseur d'un marquis qui ne peut venir
que quand son maître est couché... et puis la nuit, çà fait
plus d'effet,... ils se répondent avec le cor qui demeure là-
bas, chez le marchand de vin;... çà fait des sérénades char-
mantes... Allez, vous auriez tort de lui en vouloir, car il
est vraiment bien gentil;... demandez plutôt à mademoiselle?...

JACQUES.

Comment! elle le connaît?

SOPHIE.

Je l'ai rencontré quelquefois sur l'escalier; et il m'a parlé
si poliment, que j'ai été obligée de lui répondre.

JACQUES.

Je ne veux pas que vous voisiniez, Mademoiselle... je sais
c' que c'est... d'abord on cause sur l'escalier, après çà sur le
carré; puis on vient le matin chercher du feu, et le soir allumer sa chandelle... je ne veux pas de çà.

PATRONET.

Tudieu! comme vous êtes sévère!

JACQUES.

Je suis comme çà; et puis d'ailleurs, ma sœur doit épouser
son cousin... si je le trouve. (*prenant son chapeau.*) Et je
m'en vas à cet effet battre encore une fois le pavé de Paris...
O mon cher oncle, vous me faites gagner votre héritage à la
course!... Adieu, ma petite sœur.

SOPHIE.

Ne te fatigues pas trop.

JACQUES.

Ah! je ne ferai qu'une petite tournée aujourd'hui... Je m'en vas suivre les Boulevards, les Champs-Elisées jusqu'à la barrière de l'Etoile; puis je reviendrai par les Invalides, le Luxembourg et la barrière du Trône... Oh! je serai ici dans un moment. *(Il sort.)*

SCÈNE IV.

PATRONET, SOPHIE.

PATRONET.

Savez-vous ben, Mam'selle, qu'il est pis qu'un mari, votr' frère... n' pas vouloir seulement que vous parliez à M. Leblond... il est pourtant bien aimable... hein?

SOPHIE.

Taisez-vous donc... s'il vous entendait à travers cette porte.

PATRONET.

Tenez, je crois que votre frère a raison, et qu'il s'est enflammé, le jeune homme, en venant allumer sa chandelle.

SOPHIE.

Mais taisez-vous donc, Patronet.

PATRONET.

Et puis, s'il faut vous parler franchement, je crois qu'il n'a pas pris feu tout seul... la preuve, c'est que quand il vous parle, vous devenez rouge, comme moi quand j' fais des boulettes.

SOPHIE.

Moi!...

PATRONET.

Oui, vous... c'est naturel, un musicien... c'est si gentil; j'aimerais ça, moi, si j'étais femme.

SOPHIE.

Allons, vous êtes une mauvaise langue, M. Patronet: faites votre ouvrage, et ne vous mêlez pas des affaires des autres.

PATRONET.

Suffit, Mam'zelle... on s'y conformera... et pour commencer, j' vas faire votre chambre.

(*Il se dirige vers la chambre de Sophie.*)

SOPHIE, *à part.*

Ah ! mon dieu ! il va voir la lettre du voisin que j'ai laissée sur la table... (*haut.*) M. Patronet, non, non, n'entrez pas ; j'ai à sortir tantôt... il faut que je fasse ma toilette... commencez par cette pièce.

PATRONET.

Comme vous voudrez, Mam'zelle.

(*Sophie rentre dans sa chambre.*)

SCÈNE V.

PATRONET, *seul.*

Elle est vexée... preuve que je n' m'ai pas trompé... elle est folle du cor de chasse, j' l'aurais parié... v'là pourtant c' que c'est que de voisiner... Ah ! M. Lenoir, je vous conseille de ne pas faire trop souvent le petit tour de la barrière de l'Étoile à la barrière du Trône... le carré n'est pas si large à traverser, et ma foi... (*on frappe.*) On frappe, si c'était M. Leblond ? (*il ouvre.*) Tiens, c'est mon patron.

SCÈNE VI.

PATRONET, LAURENT.

PATRONET.

Qu'est-ce que vous venez donc faire ici, not' maître ?

LAURENT.

Je te cherche depuis une demi-heure ; tu sais ben que tu es mon lecteur, et qu'il faut que tu sois auprès de moi aussitôt que le facteur arrive.

PATRONET.

Vous avez donc reçu une lettre ?

Le Rabot. 2

LAURENT.

Oui, encore trois sous.

PATRONET.

Eh! ben, ce n'est jamais qu'une brioche... Voyons c'te lettre.

LAURENT.

Va tout d' suite à la signature.

PATRONET.

Signé Leroux.

LAURENT.

Ah! j'y suis, c'est de mon vieil ami Leroux ; tu sais, ce propriétaire de Sceaux que je vas voir de temps en temps le dimanche.. nous avons été ensemble cuisiniers chez un riche Anglais qui était venu s'engraisser en France.

PATRONET.

Et chez qui vous vous êtes arrondi.

LAURENT.

Mais pas mal. En sortant de chez ce brave milord, nous nous sommes retirés du service ; mon cher collègue est allé habiter avec ses deux neveux à Sceaux, et moi je suis resté pâtissier et maître d'hôtel à Paris.

PATRONET.

Oui, maître d'hôtel... garni... Ah! çà, il est donc mort, ce collègue ?

LAURENT.

Non, mais il va dicter son testament, pour faire une niche à ses héritiers légitimes ; voyons, lis la lettre qu'il vient de m'écrire !

PATRONET.

Voyons donc çà ?   (*Il lit.*)

     « Mon cher Laurent,

» Célibataire jusqu'à présent, je n'ai, comme tu le sais,
» que deux neveux... »

LAURENT.

Oui, je les ai connus dans leur jeunesse... c'étaient bien les plus mauvais garnemens...

PATRONET, *continuant.*

« Je les avais élevés avec le plus grand soin, mais leurs
» querelles journalières... »

LAURENT.

Je crois bien ; ils se battaient toute la journée... Il me
semble encore les voir, quand ils venaient dans notre cuisine...
pif, paf...

PATRONET.

Laissez-moi donc finir.
« Leurs querelles journalières m'obligèrent de les séparer.
» En vain depuis j'ai voulu les réunir, ils s'y sont toujours
» refusés ; mais c'est aujourd'hui le jour de la vengeance,
» c'est-à-dire le jour où je fais mon testament ; et puisqu'ils
» ne veulent pas faire à leur oncle le sacrifice de leur inimi-
» tié, je les déshérite, si ce soir je ne les ai pas vu s'embras-
» ser, et je donnerai toute ma fortune à mon ex-camarade de
» cuisine, et mon meilleur ami. »

LAURENT.

Comme c'est joli et poli ? Eh ben, qu'en dis-tu ?

PATRONET.

Que c'est superbe... Dites donc, not' maître... faudra
faire repeindre votre enseigne, et puis m'acheter des tabliers
neufs, et une veste blanche en toile bleue rayée.

LAURENT.

Du tout ; je quitte le commerce ; je suis las de faire des
brioches, et puis il y a trop de concurrence à présent... mais
laisse-là ton balai pour quelques minutes, et cours vite me
retenir un coucou tout entier pour ce soir... tu m'accompa-
gneras... je veux te faire voir du pays.

PATRONET.

C'est ça, et puis fouette cocher, en singe ou en lapin, du
côté de la succession.

(*Ils sortent tous les deux ; à peine ont-ils fermé la porte
d'entrée, que celle qui est condamnée s'ouvre doucement.*)

SCÈNE VII.

JULIEN LEROUX, DIT **LEBLOND**, *passant doucement sa tête d'abord, puis un bras, une jambe, et entrant
enfin.*

LEBLOND.

Il n'y a personne... ma foi... entrons... voilà la première

fois que je passe par cette porte... qui n'était fermée que par
un verrou, et de mon côté encore... je suis bien seul avec...
ou plutôt à côté de l'objet de mon amour... oui, de mon
amour... Oh! c'est du sérieux... c'te mademoiselle Sophie
me tourne la tête... je ne pense plus qu'à elle... elle m'a
fait oublier ma fortune à venir et mes créanciers présens...
oh! mes créanciers!... s'ils découvraient que le petit Leblond de la rue du Temple est le musicien Leroux de la rue
du Vieux-Colombier... je serais bientôt claquemuré... aussi
comme je craignais la contrainte par corps, j'ai pris le mien
sous mon bras, et je suis parti sans tambour ni trompette;
caché dans c't' hôtel, je n'en sors que le soir, attendu que
quand le soleil se couche, les huissiers se croisent les bras, et
les débiteurs peuvent remuer les jambes... mais peut-être
que j' m' hasarde trop en venant ici sans être annoncé... mademoiselle Sophie aura-t-elle lu ma lettre? j' crois pas... je
voudrais pourtant bien lui faire savoir que j' suis là... parbleu! frappons à sa porte... oui, mais qu'est-ce je vas lui
dire... il fait jour... j' peux pas venir allumer ma chandelle,
il n'y a pas mèche... Enfin, c'est égal, frappons toujours, ça
viendra peut-être. (*il frappe.*) La voilà.

SCÈNE VIII.

LEBLOND, SOPHIE, *elle sort de sa chambre tenant un*
carton à la main.

SOPHIE.

Comment, c'est vous, monsieur Leblond?

LEBLOND.

Moi-même, Mademoiselle.

SOPHIE.

Ah! bon dieu! si mon frère vous trouvait ici.

LEBLOND.

Oh! deux mots seulement, et je me sauve.

SOPHIE.

Que voulez-vous savoir?

LEBLOND.

Le cachet est-il parti?

SOPHIE.

Le cachet?

LEBLOND.

L'avez-vous ouverte?

SOPHIE.

Quoi?

LEBLOND.

L'avez-vous lue?

SOPHIE.

Mais quoi donc?

LEBLOND.

La lettre qu'hier j'ai glissée sous cette porte , vous savez
bien...

SOPHIE.

Ah!... la lettre...

LEBLOND.

Eh bien?

SOPHIE.

Oui, je l'ai vue...

LEBLOND.

Et puis?

SOPHIE.

Je l'ai cachée pour que mon frère ne la puisse voir.

LEBLOND.

Et puis?

SOPHIE.

Et puis... la voilà, je vous la rends.

LEBLOND, *regardant le cachet.*

Intacte!

SOPHIE.

Tout-à-fait.

LEBLOND.

C'en est fait!

SOPHIE.

Je ne peux pas vous aimer, monsieur Leblond.

LEBLOND.

Pourquoi?

SOPHIE.

Mon frère me l'a défendu.

LEBLOND.

Ah! je devine ben la raison... Il me croit pauvre;...
mais faut pas juger sans savoir... je n'ai rien pour le quart-
d'heure, c'est vrai... mais demain, je l'espère, je me ver-
rai à la tête d'un héritage magnifique. (*à part.*) si je trouve
mon cousin ce soir. (*haut.*) et puis, j'ai un bon état... qui
ne demande pas de frais d'établissemens ; car enfin, qu'est-ce
qu'il me faut? du vent, voilà tout... tant que j'aurai le
souffle, je suis sûr de mon existence... Par ainsi, dites
un mot, charmante Sophie, je parle à votre frère... j'ob-
tiens son consentement, et... je viens déposer mon cœur aux
pieds de ma Sophie. (*Il tombe à genoux, Patronet, arrêté
sur le seuil de la porte, a entendu la fin de la scène.*)

SCÈNE IX.

LES MÊMES, PATRONET.

PATRONET.

V'là du positif, j'espère.

SOPHIE.

Ciel !

LEBLOND.

Patronet !

PATRONET.

Oui, Patronet, qui vient d'entendre la fin de la décla-
ration.

SOPHIE.

Au moins, monsieur Patronet, ne dites rien à mon frère...

PATRONET.

N'craignez rien, Patronet est discret.

SOPHIE.

Rentrez chez vous, monsieur Leblond... moi je cours
vîte porter cet ouvrage.

LEBLOND.

Je vous laisse, Mademoiselle, je remporte ma lettre...
mais je ne me désespère pas... je vous en écrirai une autre...
dans celle-là je me ferai connaître... ne l'oubliez pas...

par cette porte, sur le coup de trois heures, vous aurez l'épître.

SOPHIE.

Si mon frère...

PATRONET.

Eh ! soyez donc tranquille... il en a pour jusqu'à six heures à faire sa petite tournée... Partez vite, je vas finir votre ménage, et je laisserai votre clé chez le portier.

LEBLOND.

A trois heures !

SOPHIE.

Je serai revenue avant. (*Elle sort.*)

SCÈNE X.

LEBLOND, PATRONET.

PATRONET.

La v'là partie... elle va rencontrer du monde sur l'escalier.

LEBLOND.

Qui donc ?

PATRONET.

Un régiment d'hommes noirs... on dirait une nuée de corbeaux.

LEBLOND.

Des corbeaux dans la maison ?... Que veulent-ils ?

PATRONET.

Ils demandent un monsieur Leroux, mucisien.

LEBLOND.

Ah ! bon Dieu !

PATRONET.

On a eu beau leur dire qu'il n'y avait personne de ce nom-là... ils ont forcé la porte... et... tenez les entendez-vous ; les v'là sur le carré ; Dieu me pardonne, ils frappent chez vous.

LEBLOND.

Ce sont mes huissiers, je suis perdu.

PATRONET.

Comment, c'est vous...

LEBLOND.

Oui, c'est à moi qu'ils en veulent, (*on entend du bruit dans la chambre de Leblond.*) ils enfoncent ma porte. (*montrant la porte de communication.*) Ferme vite celle-là, ou c'est fait de moi.

PATRONET.

Il n'est plus temps, ils sont entrés... ils ont vu la porte de communication, vous allez être pris.

LEBLOND.

Pas encore... voici le tablier du voisin... Au risque de gâter son ouvrage... je vas travailler. (*Il met le tablier de cuir de Jacques.*)

PATRONET.

V'là les hommes noirs !

LEBLOND.

Oh ! ils peuvent venir à présent, je les défie avec mon rabot.   (*Il travaille.*)

SCÈNE XI.

LES MÊMES, L'HUISSIER.

L'HUISSIER.

Vivat!... j'ai trouvé la porte de communication... Par ici, messieurs, par ici... (*Les gardes du commerce paraissent.*)

LEBLOND.

Qu'est-ce que vous demandez, messieurs, et qui vous a permis d'entrer chez moi par une porte condamnée.

L'HUISSIER, *riant.*

C'est bien ça, ils ont toujours des portes condamnées, ces jeunes gens... mais grâce au ciel, je suis retors et sans respect pour la porte condamnée, je vais vous faire arrêter et je vous préviens que j'emploierai la force, si vous faites résistance.

PATRONET, *à part.*

Ce pauvre garçon va t'être mis sous les verroux dans la rue de la Clé, c'est sûr.

LEBLOND.

Mais vous voyez bien que je ne suis pas celui que vous cherchez.

L'HUISSIER.

Ta... ta... ta... vous êtes professeur de musique vocale...

LEBLOND.

Je n'ai pas de voix.

L'HUISSIER.

Et instrumentale.

LEBLOND, *montrant les outils.*

V'là mes instrumens ; faites donc un concert avec ça.

L'HUISSIER.

Vous êtes enfin Julien Leroux !

LEBLOND.

Je suis Lenoir.

L'HUISSIER.

Leroux !

LEBLOND.

Lenoir, vous dis-je... et si vous vous obstinez à me prendre pour un maître de musique, vous me forcerez à battre la mesure sur vos épaules.

(*Il s'arme d'une toise et descend alors sur l'avant-scène.*)

L'HUISSIER.

Vous l'entendez, Messieurs, il résiste à la justice.

LEBLOND.

Du tout, c'est à l'injustice que je résiste.

L'HUISSIER.

Mettez toujours les scellés.

LEBLOND.

Les scellés ici... mais encore une fois, c'est à M. Leroux que vous en voulez, et vous êtes chez M. Lenoir.

SCÈNE XII.

LES MÊMES, **MARTIAL**, *il porte, attachés à un large
ceinturon, deux fleurets, deux sabres et deux pistolets.*

MARTIAL, *qui a entendu l'exclamation de Leblond.*

Lenoir!... c'est juste mon homme... attention mon garçon, et en avant les procédés.

LEBLOND, *se retournant.*

Tiens, quel est cet autre original?

PATRONET.

On dirait un arsenal ambulant.

LEBLOND.

Est-ce que çà serait un garde du Commerce de nouvelle
invention?

MARTIAL, *s'avançant.*

Messieurs, j'ai entendu prononcer un nom à qui j'ai deux
mots à dire... M. Lenoir, c'est-y vous?

LEBLOND.

Oui, Monsieur.

MARTIAL.

Enchanté de faire votre aimable connaissance...

LEBLOND.

Moi de même... mais qu'y a-t-il pour votre service?

MARTIAL.

Monsieur, je suis Martial.

PATRONET, *à Leblond.*

C'est aisé à deviner, çà.

MARTIAL.

Oui Messieurs... Martial, dit Belle-Pointe, maître d'es-
crime à la barrière du Roule... et de plus, cousin germain
d'un joli et intéressant chasseur, avec lequel vous avez eu
quelques difficultés.

LEBLOND.

Moi !

MARTIAL.

Oui Monsieur, des difficultés... peu de chose... une misère... vous lui avez cassé un rabot sur l'épine du dos, v'là tout.

PATRONET, *bas à lui-même.*

Et c'est le voisin qu'a fait le coup.

LEBLOND.

Moi j'ai cassé un rabot... eh! voilà la première fois de ma vie que j'en touche un.

L'HUISSIER.

Ah! ah! jeune homme... vous vous trahissez.

LEBLOND.

Ah! diable... (*à l'huissier.*) Laissez donc, c'est pour me défaire de ce matamore.

MARTIAL.

Je suis désolé intérieurement que vous vous lanciez dans le subterfuge, pour éviter la réparation que je viens vous demander très-civilement de la part de mon cousin.

LEBLOND.

Eh! le diable emporte le cousin.

MARTIAL.

Je suis généreux, et je vous accorde encore le choix des armes.

PATRONET.

Là! vous verrez que pour éviter la prison, il faudra qu'il se fasse tuer.

MARTIAL, *tirant deux sabres de son ceinturon.*

En usez-vous?

LEBLOND, *avec un très-grand sang-froid.*

Jamais.

MARTIAL.

J'entends... vous avez la main plus légère. (*tirant les deux fleurets.*) Voici votre fait.

LEBLOND.

Pas davantage.

MARTIAL.

Vous n'aimez peut-être pas l'arme blanche; (*montrant les deux pistolets.*) alors...

LEBLOND.

Encore moins... l'odeur de la poudre m'incommode.

MARTIAL.

C'est-à-dire que vous refusez la partie d'honneur.

LEBLOND, *chantant.*

Si vous voulez bien le permettre !

MARTIAL.

Chanson que tout cela ; du tout, jeune homme, je ne le permets pas, et il faut que l'un de nous fasse aujourd'hui *deficit* sur la surface de la terre.

LEBLOND.

Mais, Monsieur, quand on vous dit que vous êtes dans l'erreur.

MARTIAL.

Vous n'êtes pas M. Lenoir?

LEBLOND.

Non, Monsieur, je me nomme Leroux.

L'HUISSIER.

Si vous êtes Leroux, vous allez me suivre.

LEBLOND, *à l'huissier.*

Mais je vous répète que c'est pour échapper à son arsenal que je me débaptise.

L'HUISSIER.

Je n'en crois rien.

MARTIAL.

Jeune homme, cessez toutes ces feintes... elles sont inutiles avec moi, et je vous ai entendu déclarer vous-même que vous vous nommiez Lenoir.

LEBLOND, *bas à Martial.*

Et ne voyez-vous pas que c'est pour échapper à sa prise de corps.

L'HUISSIER.

M. Leroux, vous allez me suivre.

MARTIAL.

M. Lenoir, vous allez marcher.

PATRONET.

Là, vous verrez qu'il faudra qu'il se coupe en deux, à c't' heure.

LEBLOND.

Mais je ne puis pas être l'un et l'autre, que diable ! (*bas à Martial.*) Je vous dis que je suis Leroux. (*bas à l'huissier.*) Je vous dis que je suis Lenoir.

L'HUISSIER, *à ses gens.*

Appréhendez-le au corps.

MARTIAL.

Allons, pas d'explication.

(*Ils le saisissent, il se débat.*)

SCÈNE XIII.

LES MÊMES, LAURENT.

LAURENT.

Oh ! oh ! ce qu'on m'a dit en bas est donc vrai ?... des hommes de loi dans ma maison !

MARTIAL.

Monsieur, je viens pour une affaire d'honneur.

L'HUISSIER.

Monsieur, je viens pour une saisie.

MARTIAL.

Le particulier ne s'appelle-t-il pas Lenoir ?

L'HUISSIER.

Monsieur ne s'appelle-t-il pas Leroux ?

LAURENT.

Ni l'un ni l'autre.

L'HUISSIER et MARTIAL.

Qu'est-ce à dire ?

LAURENT.

Il se nomme Leblond.

PATRONET.

Le v'là sauvé.

LEBLOND.

Oh ! la bonne pâte d'homme que le pâtissier.

LAURENT.

Oui Messieurs... vous avez beau paraître étonnés...
Monsieur s'appelle Leblond... c'est mon locataire, et je l'affirme.

L'HUISSIER.

Lenoir, Leroux ou Leblond, je n'y regarde pas de si près,
et je l'arrête.

MARTIAL.

Monsieur a beau changer de couleur, ça m'est égal, et il
faut qu'il me suive.

L'HUISSIER.

Oui, il nous suivra.

MARTIAL.

Au bois de Boulogne.

L'HUISSIER.

Non pas, mais à la rue de la Clé.

MARTIAL.

Minute !... il faut auparavant que j'en tire vengeance..

L'HUISSIER.

Du tout : il faut avant tout, qu'il soit renfermé.

PATRONET.

Oh ! oh ! les v'là qui s' disputent.

LEBLOND.

S'ils pouvaient en venir aux coups.

MARTIAL.

Vous prétendez donc empêcher une affaire d'honneur ?

L'HUISSIER.

Vous vous opposez donc à l'exécution d'un jugement.

PATRONET.

X... x... x... x...

MARTIAL.

Vous me rendrez raison de votre insolence.

L'HUISSIER.

Insolent ! moi... vous l'entendez, Messieurs... il m'a
injurié.

MARTIAL.

Eh bien ! je suis prêt à vous en rendre raison.

L'HUISSIER.

Oui Monsieur, je vous attaquerai...

MARTIAL.

Eh bien ! soit, je me défendrai.

L'HUISSIER.

Devant le tribunal.

MARTIAL.

Les armes à la main.

L'HUISSIER.

Je vais dresser procès-verbal.

MARTIAL.

Je me moque de ton grimoire.

(*Il fait voler les papiers dans la chambre.*)

L'HUISSIER.

Quel outrage au corps des huissiers !

PATRONET, *bas à l'huissier.*

Dites donc, vous êtes six contre un ; si vous le fesiez conduire au poste du Château d'Eau ?

L'HUISSIER.

Oh ! la bonne idée !... à moi, mes amis... emparez-vous de cet homme-là !

(*Ici un combat s'engage entre les gardes du Commerce et Martial ; enfin vaincu par le nombre, celui-ci tombe, et ils l'emportent en formant tableau.*)

PATRONET.

Ah ! vous v'là enfin débarrassé... moi, je vas les suivre jusqu'au corps-de-garde.

SCÈNE XIV.

LEBLOND, LAURENT.

LAURENT.

Enfin, expliquez-moi ce que çà signifie ?

LEBLOND.

Ça signifie, papa Laurent, que vous m'avez sauvé de la prison où j'allais être conduit pour dettes... mais je n'ai pas le temps de vous expliquer mon affaire... il ne faut pas qu'on me rencontre ici... sachez seulement que Leblond n'est pas mon véritable nom, et que je m'appelle Julien Leroux.

(*Il rentre vivement par la porte de communication.*)

SCÈNE XV.

LAURENT, *puis* JACQUES.

LAURENT, *stupéfait.*

Leroux !... c'est Julien Leroux ! l'un des héritiers en question !... et c'est moi qui l'ai empêché d'aller coucher à Sainte-Pélagie... ah ! j'en perdrai la tête.

JACQUES, *arrivant.*

Qu'est-ce qui vous fera perdre la tête, père Laurent ? ce sont peut-être ces gens que j'ai rencontrés sur l'escalier ?

LAURENT.

Eh ! non... c'est votre voisin, que le ciel puisse confondre !

JACQUES.

Non, pas tout-à-fait... mais que le ciel fasse déménager d'ici...

LAURENT.

Comment, est-ce que vous êtes mécontent de son voisinage ?...

JACQUES.

On le serait à moins.

LAURENT.

Oh ! bien,... je vais lui signifier qu'il faut qu'il décampe aujourd'hui même.

JACQUES.

Si vous faites cela, vous me rendrez la vie... et tenez, comme il ne faut pas que vous perdiez à ce marché, je prendrai aussi la chambre du voisin.

LAURENT.

Vous songez à augmenter votre loyer... il vous est donc arrivé des espèces?...

JACQUES.

Pas encore, mais j'ai bon espoir d'hériter aujourd'hui même.

LAURENT.

Vous héritez... et moi aussi. Eh! de qui héritez-vous?

JACQUES.

D'un oncle qui a près de soixante-dix ans, et trois mille livres de rente, au moins; il demeure ici-après, à Sceaux.

LAURENT.

Soixante-dix ans,... trois mille livres de rente,... à Sceaux... Son nom s'il vous plaît?

JACQUES.

Son nom?... il se nomme comme moi.

LAURENT.

Lenoir?... Oh! je respire.

JACQUES.

Non pas!... car le nom de Lenoir sous lequel vous me connaissez n'est pas mon nom véritable, je m'appelle Leroux, et c'est aussi le nom de mon oncle.

LAURENT, *à part.*

Leroux par-ci,... Leroux par-là:... je suis perdu, ruiné...

JACQUES.

Eh bien! Monsieur Laurent, est-ce que vous vous trouvez mal?

LAURENT.

Non, non, ce n'est rien... il faut que j'aille à mon four, et voilà tout... (*à part.*) Il me vient une idée;... les créanciers pour le voisin, le maître d'armes pour celui-ci... Oui, je puis encore les empêcher de se rencontrer; Sainte-Pélagie pour l'un,... un petit coup d'épée au bras pour l'autre, et ce sera bien le diable s'ils voient leur oncle dans la journée.

(*Il s'échappe en courant.*)

SCÈNE XVI.

JACQUES, *seul.*

Est-ce qu'il est devenu fou, par hasard? ou si c'est que ses petits pâtés brûlent en bas... Mais où donc est allée ma sœur?... elle n'est pas dans sa chambre... je voudrais bien savoir, cependant, s'il est venu quelqu'un de la part du chasseur... Ah! la voici.

SCÈNE XVII.

JACQUES, SOPHIE.

SOPHIE, *à part.*

Ciel! mon frère!... (*haut.*) Comment, te voilà déjà de retour.

JACQUES.

Déjà!... le mot est tout-à-fait galant... passe encore si j'étais ton mari... Il me semble pourtant qu'il y a long-temps que je suis dehors, il est près de trois heures.

SOPHIE, *à part, et regardant la porte de communication.*

Trois heures!

JACQUES.

Il n'est venu personne me demander?

SOPHIE.

Non, personne. (*à part.*) Trois heures! et le voisin qui va passer sa lettre.

JACQUES.

Qu'est-ce que tu te chuchottes donc là, à toi-même?

SOPHIE.

Rien, mon frère... Tu n'as pas découvert les traces de notre cousin?

JACQUES.

Hélas ! non.

(*on frappe doucement à la porte condamnée.*)

SOPHIE, *à part.*

Ah ! bon dieu !

JACQUES.

Qu'est-ce que c'est que çà ?

SOPHIE, *troublée.*

Je l'ignore... (*On frappe de nouveau.*)

JACQUES.

Çà m'a tout l'air d'un signe d'intelligence.

SOPHIE.

Je te jure...

(*Ici, la lettre passe sous la porte.*)

SOPHIE, *à part.*

La voilà !...

JACQUES.

Une lettre !... v'là une petite poste d'une nouvelle invention.

SOPHIE, *à part.*

Il va tout découvrir !

JACQUES.

Je ne m'étonne plus si j'étais en avance .. c'est que le courrier était en retard... comment Mademoiselle, vous avez le front...

SOPHIE.

Je te promets que je ne sais pas...

JACQUES.

Ah ! tu ne sais pas ! j' m'en vas te le dire, moi.

SOPHIE.

Que vas-tu faire ?

JACQUES.

Parbleu, lire cette lettre ! il n'y pas d'adresse, et c'est peut-être pour moi,... hum !

SOPHIE, *se contenant.*

Oui, c'est possible.

(28)

JACQUES, *lisant.*

« Mademoiselle. »

Je commence à croire que ce n'est pas à moi qu'on écrit...
(*mettant une toise sous son bras.*) Ah! Monsieur le voisin,
vous me paierez ça!...

« Comme je n'ai l'honneur de vous aimer que pour le
» bon motif... » C'est ça, toujours le bon motif...

SOPHIE.

Oh! je suis bien sûre...

JACQUES.

Taisez-vous, Mademoiselle;... « pour le bon motif,...
» je ne dois pas garder plus long-temps l'anonyme. Apprenez
» donc, d'abord, que le nom de Leblond n'est pas le
» mien... » Vous verrez que c'est encore quelque séducteur
déguisé... « Je m'appelle... » hein? qu'est-ce que je vois
donc?... « je m'appelle Julien Leroux! »

SOPHIE.

Mon cousin!

JACQUES.

Lui-même!... quel bonheur!...

SOPHIE.

Est-ce possible?... il était si près de nous!... Oh! que
j'ai bien fait de l'aimer!...

JACQUES.

Ah! ma sœur, que je t'embrasse, c'est à toi que je dois de
l'avoir trouvé.

SCÈNE XVIII.

LES MÊMES, LAURENT.

JACQUES.

Oh! monsieur Laurent, je suis le plus heureux des hommes, et je cours...

LAURENT, *le retenant.*

Où voulez-vous aller?

JACQUES.

Chez le voisin.

LAURENT, *à part.*

Miséricorde ! comment me tirer de là ? (*haut.*) Gardez-vous en bien.... les gens de loi vont y arriver,.... on va le mener en prison.

SOPHIE.

En prison !

JACQUES.

Lui !... ah ! parbleu, nous allons voir çà !

LAURENT.

Oh !. par pitié pour vous-même, monsieur Leroux, ne sortez pas ;... il y va de votre vie.... Il y a à la porte, un ferrailleur qui vous attend pour vous couper la gorge, ou pour vous brûler la cervelle.

JACQUES.

Ça m'est égal.

LAURENT, *à part.*

Les huissiers n'arriveront jamais assez tôt. (*haut.*) vous ne sortirez pas,... je ne veux pas de meurtre dans mon hôtel. (*Il court à la porte du fond, et la ferme à double tour.*) Par intérêt pour vous, je vous enferme.

JACQUES.

Laissez-moi donc tranquille, il faut que je le voie.

SOPHIE.

Mon frère,.... tu le peux sans sortir. Tiens, par la porte de communication.

LAURENT, *s'y précipitant.*

Vous ne sortirez, vous dis-je, qu'en passant sur mon corps.

(*Il s'appuie contre la porte ; au même instant, elle s'ouvre du côté de Julien, et Laurent, privé de son point d'appui, tombe dans la pièce voisine ; Julien saute par dessus, et entre avec précipitation, et comme un homme poursuivi.*)

SCÈNE XIX ET DERNIÈRE.

LES MÊMES, **JULIEN LEROUX**, *ensuite* PATRONET.

JULIEN.

Voilà encore les huissiers!... sauvez-moi!... (*apercevant Jacques.*) O ciel! que vois-je? mon cousin!

JACQUES.

Oui, mon ami, c'est moi, et Sophie est ma sœur que ma mère avait gardée près d'elle à Grandvilliers, et qui, à sa mort, est venue me joindre ici.

JULIEN, *les embrassant.*

Mon cher cousin!... ma chère cousine!... j'en mourrai de joie!

LAURENT, *se relevant, à part.*

Et moi de rage!... ouf! me voilà éreinté et déshérité.

PATRONET.

Monsieur Laurent! Monsieur Laurent!... l' coucou que vous avez loué est en bas... il est prêt à partir pour Sceaux.

JULIEN.

Comment, vous allez à Sceaux?

PATRONET.

Eh! oui, not' maître va y chercher un héritage.

LAURENT, *à part.*

Il est loin à présent.

JACQUES.

Un héritage!... est-ce que vous seriez par hasard, cet ancien camarade de notre oncle, qu'il nous menaçait de faire son héritier?

LAURENT.

Hélas!

JACQUES.

V'là un hélas qui dit tout... Je ne m'étonne plus si vous craigniez tant l'entrevue.

JULIEN.

Grâce au ciel, tout est fini, j'espère.

PATRONET.

Fini?... minute... il y a sur l'escalier un huissier et un maître d'armes qui ne disent pas cela.

JACQUES.

Bah ! bah ! nous paierons l'un, nous griserons l'autre, et il n'en sera plus question.

PATRONET.

Et le coucou ?

LAURENT.

Qu'il aille au diable.

PATRONET.

Je vas lui dire.

JACQUES.

Dutout... nous en profiterons ; il nous conduira dans les bras de notre oncle ; nous lui présenterons ma sœur ; elle t'épousera en signe de réconciliation, il nous pardonnera, fera son testament, et nous la noce, n'est-ce pas, Julien ?

JULIEN.

Je ne demande pas mieux. Je vous invite, Monsieur Laurent.

LAURENT.

Merci.

PATRONET, *à Laurent.*

C'est donc là les deux cousins en question ?

JACQUES.

Oui mon garçon ; je n'en reviens pas encore.

JULIEN.

Ma foi, ni moi non plus.

JACQUES.

Comment, c'est toi qui m'empêchais de dormir avec ton cor ?

JULIEN.

Et c'est toi qui me réveillais avec ton rabot.

JACQUES.

Qui aurait jamais dit que le voisin était le cousin.

Qui aurait jamais pensé que le coucou était le voisin ?

PIÈCES NOUVELLES

QUI SE TROUVENT AUX MÊMES ADRESSES.